GW01402738

ALFONSO BINDER CEYGO

Mélységek és magasságok

novum pro

Ez a könyv
e-könyvként
is elérhető

© 2024 novum publishing

ISBN 978-3-99146-834-9
Lektor: Sósné Karácsonyi Mária
Borítóképek: Stockeeco,
Dawudtahir321 | Dreamstime.com
Borító, tördelés & nyomda:
novum publishing

www.novumpublishing.hu

Print product with financial
climate contribution
ClimatePartner.com/16547-2311-1001

1.

Elfeledett, komor búság, mi még bélyeget nyomott
egykor lelked legmélyére,
Az vált igazzá, s a gazság árnyéka erélyes kétely a
meredély kékes szürkeségében éjjel.

Mikor a köd leszáll, s a hegycsúcs csak halovány,
kósza reményszál,
Mit megmászni nem lehet,
Próbákból elég már, mert amikor felérsz és eléd áll,
mégsem hiszed el, hogy

Amikor viszed el, a diadalt aratott,
bearanyozott kehelyből italod ihatod,
de a bor keserű íze Be nem aranyozza lelked,
Mikor társaid kővé fagyott testét a hópelyhek
tengere betemette a csúcsra menet.

Zanzásított gondolat, mely majd elvágja torkodat
és beszélni már képtelen, de torkodból még Vér terem,
e vörös folyam közepette hörgésed még kénytelen,
elszaladni képtelen.

Fájdalmad csak emlék már, szánalmad már köddé vált,
mi völgyeket fed el és csúcsok tornyosulnak fölé,
mik már csak halovány, kósza emlékek,
miket megmászni nem lehet.

2.

Csak tudnám, mely fán terem az,
mi észt ad, minden éjjel jóllaknék termésével.
A tudás fája, melyen terem e gyümölcs,
lédús húsa csiklandozza ínyem s nyelvem,
Minden falat egy fejezet a mindenség tudásának
végtelen könyvében.
Élethosszig tartó folyamat-evés kevés minden
tudás megismeréséhez,
Mert amint már többet értesz, lesz elég eszed,
hogy felfogd, tudásod határa mily messze is lebeg.

3.

Kémlelem az eget, keresem a Napot.
Nem találom, s helyette egymillió ragyog.
Megteszek én mindent, pont úgy, mint a nagyok,
De hiába nézem, nem leszek, csak vagyok.

Eltűnődök éppen, hogy melyik villog amott.
Fehér alapon kéken s vörösen ragyog.
Próbálok megváltozni emberibbé, mint vagyok.
Nehezen lépdelek feljebb, mert egyre csak

Akadályok gördülnek elébem, s megmászni is
Csak képes vagyok éppen.
Hitemet megingatni nem lehetne már,
Mert felnézek az égre, és ott csak téged látlak, Anyám.

Te adtál életet és szilaj akaratot,
Tőled jó kedvvel fogadom még a szidalmatot,
Ugyan felnőni kellene, nem tagadom, de legbelül
Örökkön csak a te kisgyermeked maradok.

4.

Ülök a dombtetőn a holdsugár fátylat ragyog
A fűzfa lombjain keresztül.
Tűnődöm, hogy vajon az álmatlanság járatja velem
a bolondját?
Mintha ott látnék röpülni egy lápi boszorkát.
Fúj, karmol, átkoz, de csak haragos,
Mert szíve választottja éppen
Fűbe harapott.
Ilyen ez a háború, senkit nem kímél,
Ezért lehet talán, hogy oda nem megyek én.

5.

Ingoványos búfelejtőm még lágyan körülölelt az előbb,
Lám, talpam alatt csillog megannyi fénylő pont.
Tán meghaltam? A mennyekben vagyok?
Nem érzek se hideget, se meleget – egyáltalán,
Vagyok?
Lábujjaim mozgatom. Vajon talaj van alattam?
S ekkor fodrozódni látok mindent, mi eddig mozdulatlan.
De butít még a mámor, s akkor beugrik,
Eltalált az imént egy jókora meteorit.
Valami vonz, alantas, tán alattam örvénylik,
Ami hív magához, s nem enged egy őrült nagy,
fekete enyészet.
Elmélyedek benne, de már nem megy az idő,
Végtelenné nyúlt percem csak kívülről oly tűnődő.
Rád gondolok, s remélem, hogy még így is
A holnapot teérted megélem, de
Olybá tűnik, innen nincs menekvés,
De szívem s szíved örökre összefonódott.

6.

Dugába dőlt az ármányod, hogy kardjába dől, s te nyersz.
Na, mivel kezdjük, uraim?
Szívjunk be?
Belülről fakadó a fájdalom
A puszta lét okozta ártalom, mely megéget idebent.

7.

Egészen különös kombó az alma és uborka.
Beleharapok kettőt, s ízlelem unottan.
Rágok rajta még egyet, majd lenyelem,
Furcsa érzés támad meg idelenn.
Mordul gyomrom keservest,
Ebből komolyan híg széklet lesz.

8.

Hallok s látok, mögöttem kóborol sok kopott hóbortom.
Lábam nyoma hamuba süpped,
mint amolyan bagoly a sötétbe,
Kisvártatva egy fűszál bukkan ki a korom-födte alkonyon.
Por kavarog szabadon, elszaladok,
felkavarom felkavarón a vadont.
Az állatvilág rám méláz: ez vajon miért arénáz ily'
csendes alkonyon?

9.

Mély, opálos tekintetemen, át már csak a
sötétség szűrődik kívülről,
A fényt nem eresztem, mert irigylik,
kik kint orvul ellenem szervezkednek.
Köd van itt kint s bent a fejekben,
Nem tudják, hogyan s mitévők legyenek.
Mondandómnak mindegy,
hiszem csak rajtad áll vagy bukik,

Melyik sor imponál egy újabb napnyi komor kínt,
Mit élni vagy hajlandó,
kapaszkodva életed adta nappalok és éjszakák testébe.
De mi hajt, hogy rajta végigmenj?
Nagy vagyon, utazás, ez nem mondhat sokat,
Kit ez éltet, nem végez mást, mint szolgálatot,
S nem kap új irányt, mindig csak többre-többre vágy.

Élet értelmét megadni nem lehet,
De meghalni önnön kezed által egy ócska, gyáva tett.

10.

Kézzel írott levél, mit sosem kaptam még,
Elmélkedém rajta, hogy válaszoljak-e ma még?
Idejétmúlt ötlet, de legyen, mert kaptam,
Pecsétet én rá már viaszból csorgattam.

11.

Mintha csak tegnap lett volna, mikor utoljára szemem
legeltethettem eme előttem eltertyedt,
Eleven, üde környezeten.
Tudtam, nem az volt az utolsó alkalom,
hogy hason fekve a fűben támasztott
alkarom Kényelmét elnyűve, de ámulattól tűrve bámulom
e természet adta, felemelő vidéket.
Mikor is volt? Tán száz éve is, mikor még a
gyermekkori homály eltakarta az élet komor Valóját.

12.

Mint aszály utáni eső, volt felüdülés, mikor megláttalak.
Kéklő szemed rabul ejtett, mint a tenger.
Csodálón tekintek rád, s te kérdezel:
Mit adhatok? Egyszerre csak csend lett, szó sem hagyta
el a számat eme végtelenbe nyúlt Pillanat erejéig,
majd mondtam a tőlem telhető legjobb modorommal:
„egy fahéjas kalácsot Legyen kedves",
de belül csak a neved érdekelt volna.

13.

Dógozz, ne gondókozz,
Mondta vala a fent ülő, kinek esze olyan,
mint az üllő, mit ütni kéne, s kérdem,
életének ennyi Értelme mind, mi lészen?
Tudása csak csipetnyi, mégis ő, ki szabályozza,
ki a szabályt hozza, mikor történik,
mit nem vett számításba.

14.

Számomra ők már rég halottak, csak úgy,
mint én önnönmagamnak,
Éppen ezért nem keresek kibúvókat
Kis kínzás kell mindennap, hogy
Érezzem, hogy élek, mert meghátrálni nem lehet.

15.

Odakünn,
a friss levegő alatt,
ahol az ember általában fűbe harap.

16.

Ámulatba ejtő, ahogy ámulatba ejt ő.
Amuletthez képest szeme szép, oly ékes.
Mikor rám emeli tündöklő tekintetét,
Kitüntető figyelme értéket ad énnekem.

17. (Válasz egy barátnak)

Most tudtam csak olvasni
Versed, elég prózai,

Mit mondsz, én, ím, megértem.
Versed lelke, remélem, egy színpadot majd elérjen.

Ember rengeteg így reméljen,
Merj új esztendőt, de keményen
Utol senki ne érjen, mert lábnyomodba senki
nem ér fel, mint holmi költő.

18. (Önmagam elérve)

Kétségbeesetten kerestem lelkem,
Így történt meg, hogy ma sétálni mentem.
Önmagam keresve eltévedtem
Emlékeim végtelen mezejében.

Kétkedve kérdeztem, kell mennem még nekem?
Ígértek s törték meg, de már én útra kéltem,
Ösvénynek keresztje elvisz majd messzire,
Elképesztő részletesség, mely megrémít engemet.

Kéretlen emleget kínzó emlékeket,
Ínycsiklandó ételek, hamuvá lett ízetek.
Örvénylő képeket, elvesztett éveket
Elém tár, s ekképp' vág képen e rengeteg.

Két hete lépdelek, kelet felé kémlelek,
Ingemből vér pereg, rég-hegek ekképp vérzenek.
Örvendve emelem s keblemre ölelem rég látott, elnyűtt,
Bár megedzett lelkemet.

19.

Bárcsak számíthattam volna
Legalább annyit, hogy ne kezdd újra!
Zsarolásod konokság, összetörtél újfent,
Megtörtem én itt bent.
Ím, itt terül el a nagy mező, ám
Nem zöld füves, dús legelő,
Sokkal inkább kopár síkság,
Mely mélyén, úgy lehet,
Élet sincs már.

20.

Lidérces álmok közt fetrengek.
Mellkasomon lidérc ül, ez
Most lidércnyomás, mert
Álmomban ébredek, ébren szenderedek.
Lépre csal álnok képzet,
Férgek másznak a bőröm mélyben,
És egyre csak hajtja a had
Minden bűnömet, melyt élt éveim élve én
Elkövettem, és szenvedtem, s a vad kiszakad
és utánam kajtat, hajtja a vérszag.
Lezüllött életem, nem vigasz az asztal alja,
De búfelejtőm minden napra,
Míg kábult vagyok, nem hallom a vadat.
Napjaim így éltem, s nem tartottam vissza a hadat,
De ha rám lel, végleg szétszaggat.

21.

Ki az, ki vár téged ez alkonyon?
Hol van, ki azt ígérte, vár nagyon?
Miért várat, ha meg van beszélve az idő?
S te miért mész elé, ha ő el se jő?

Helyszín az, mit megbeszélt veled ő.
Oly nehéz, hogy már vár rám a temető.
Üres szavak töltik meg e kis időt,
De mondanom kell, hogy legyen még időnk.

Látom, nevetsz. Hogy rajtam, vagy velem? Nem tudom.
De örömömet leltem ez alkonyon.
Utoljára még melegen öleltem, de szeretem,
így el kell engednem.
Egy pillanat volt csupán, hogy láttalak.
Lelkemig hatoló szempár, mi rám maradt.

Emléked kedves énnekem,
de megtartva csak fáj, eget renget és éget engem.
Utolsó utamra indulok már, de most nélküled.
Beterít mindent a holdsugár szüntelen.
Jobb szemem a fájdalomtól, míg a bal emlékedért könnyes.
Kisétáltam, és hátam mögött hagytam életem.
Siratnod engem nincs értelme már, az elmúlás fáj nagyon,
de ez csak hiszti volna már.

22.

Ím, elérkezett e nap is, mikor
Elárulva magam mondom el kis titkaim,
Hogy voltak olyan napok, mikor mind, mi ragyog,
Csak lángolt s porba hulltak darabjai.
Tűzoltásra nem képes vizes vödröm, mi széles,
Csak éppen alja hiányzik.
Kiszakította már régen az élet súlya, mi éppen
Mindennap egyre csak gyarapszik.
Menekülni nem merek, mert elmenni innen
Nem lehet, csak ha szélben szórják hamvaid.
Fájdalom ha bekebelez, legyőzöm én, mert
Meglehet, az élet fáj mindenkinek, de küzdeni
Ellene lehet, még ha minden nap is maga a kín.

23.

Meghasadt a valóságom,
Mikor megtört a fájdalom.
Sok évébe telt ez neki,
Egy évtized is kellett neki.
Bár néha remegett a föld s az ég,
Kathi Béla adott erőt, idézek is tőle egy menőt:
„Nem vagyok buzi",

Ám az erő elszállt már,
Szenvedésem túlnőtt már, de
Nem leszek buzi.
Súlyokat én is emeltem,
Bár sosem volt, hogy versenyeztem volna.
Én voltam az egyetlen ellenfelem,
így is volt, hogy vesztettem.

24.

Mostam, mosogattam, boltban voltam,
Verset írtam, teregettem, reggeliztem,
Így telt sok napom az elmúlt évben.
Nem tudtam előrébb jutni, hát megpróbáltam
Csak stagnálni.

25. (Boldogan)

Nem tudom, miért
Érdekelsz engem.
Nem fogom már a kezed,
Miért nem vagy már hideg?
Közömbösségből elégtelen,
Szabadon távozhatsz innen.
Menj hát, tépd ki a szívem,
Nekem már nincsen rá szükségem.
Élj hát boldogan nélkülem,
Nekem már ne fájjon a szívem.

26.

Módfelett érdekes, hogy előttem ideértetek,
Pedig az én utam lefele nem lépcsőn vezetett.
Így megy ez, mert idelent bérelt helyem van nekem,
Aranyozott páholy, négyen visznek, vezessen utam bárhol.

Emberi csontokból tákolt trónomon
Újfent csak kacagok a kóboron,
Ki útját tévesztve botorkált,
S eltévedve a rossz úton poroszkált.

Csak bámultam meredten, hogy mosollyal
Arcán menetel, mintha nem égetné lábát a veszedelem,
Midőn az izzó parázson menetel
Eme lángtenger partján.

Útja régóta tarthat, mert a révész bére fejében
Elég időt töltött a holtak mezején s éppen
Beszállni készül, hogy útja felfele vezessen végre.

27. (Helyzet)

Hatalmas hatalmi harcok hevében
Heveny henyélést heverve hever, ha
Hazug haramia haragja homályt
Halmozott a hegyekbe,
Hűs hős ház hámoz hálátlan hegeket
Heves hegedűhanggal haladva a halálba.

28.

Petyhüdt péniszem vízbe eresztem,
Kicsorgó nedvét egy lánnyal etetem.
Ez a lány mondaná: *Ühm, de finom ez a nedű,*
De szája tele már, mert betömte neki egy tetű.

29.

Kifejezetten kifejezésképtelen arccal bámulom az eget,
De Ő nem néz vissza rám, csak nevet.
Kérdésem hiábavaló, válaszra nem méltat.
Gondolom, a válasz a jövőmbe van írva,
Kérdésemre ha választ adna, jövőm változna.

30.

13 éjjelen árnyakat láttam mozogni.
13-an elégtek, eleven sikolyuk még hallatszik.
Dobhártyám inkább kiszakadna,
csak a kínzó sikolyokat ne hallja,
Mik álmaimból is felriasztanak minden éjjelen.

13 éjjelen át láttam a háborút.
13 ezer ember égett ma halálra.
13 percenként egy napalm le volt dobva.
13 ezer asszony özvegyült meg máma.
13 ezer gyermek lett mára már árva.

Egyezer nap távlatából micsoda nagy lárma!
Egyszer mondta azt az ember, *legyetek ma bátrak!*
Egyszerre mondta mindenki, *vigyázzunk egymásra!*
Egy perc alatt eldőlt a sors a világnak javára,
Egy lövedék volt csupán ennek az ára.

Kár, hogy ezzel megkéstek, mert mindhiába
13 nap volt csupán, de millióknak átka,
Mely átok már elragadta őket a halálba
Vissza már nem lehet hozni mind, ki bánja,
Őket most már földbe tették, pihenni vágytak.

Pár év múltán könyvbe tették történetüket,
Még néhány év, s elfeledték hőstettüket.
Történelemórán meg már nem is figyelnek
A gyerekek, kiknek hazája lángolt,
A tanár hiába mondja, *nekik köszönhetitek*
Hogy ma nem egy zárkában, hanem padban ülhettetek.

31.

Ha rám robbanna az ég,
Úgy örülnék neki én.
Kedves dallam fújna át rajtam.
Mert elporladnék.

32.

Szarni bele... szarni bele...
egy kis fájdalom belefér a szívembe.
Miért tetted? Miért tetted? Összetörted a szívemet.
A darabjait... a darabjait... szórtam szét most a téren
A galamboknak... a galamboknak...
legalább ők ne éhezzenek,
Nekem jó lesz... nekem jó lesz... szív nélkül is az élet.
Nem nagy szégyen... nem nagy szégyen...
de én mától így élek,
Hogy veled mi lesz... hogy veled mi lesz...
engem már nem érdekel.
Főnixként én... főnixként én... újjá éledek.
A következő... a következő... nem kapja meg a szívemet,
Neki már csak... neki már csak...
az adott szavam lesz az étek,
Desszertnek meg... desszertnek meg...
megkapja az éveimet.

33.

A lehetőség egy olyan madár,
amely nem füttyent, mikor elszáll.
Már csak ha elég messze van, látod,
amint a szárnyait kibontva visszaint a múltból,
A horizonthoz tovaszállva.

34.

Mesterkém miféle mesterség,
Melyet így mesterkélt s
Erejének mértéke még
Mesékbe is mérhetetlen mennyiség.

Olybá tűnik, miről hittem, hogy
Elérni is képtelenség,
Csak kezdetleges játékszer
E felfoghatatlan mesterség mellett.

Úgy eltörpül, mint ábra az igaz Nap árnyékába'
Mégis felüdülés minden pillanat,
Mikor még nincs használatba',
Mint eső utáni csendes, tiszta illat.

Keveseknek adatik meg,
Hogy nem csak hallnak róla,
De szemmel látni van alkalmuk,
És még csak nem is elszenvedni azt.

Velem is így esett meg az eset,
Hogy látni véltem, de még el nem szenvedtem.
Közelemben volt már párszor, éreztem,
De szerencsémre még csak egyszer
láttam karnyújtásnyi léptékben.

Így van ez, mikor lejár az idő,
De van, hogy lenne még miről
Mesélni, csak közbeszól egy
Hallatlan hang, mely nem kér,
nem ajánl, nem kérdez, csak hajt.

Van, ki ellenáll, mert még tennivalója akad,
De nincs szív, mi ellenáll, ha szól e hang.
Hogy kinek mikor s miért? Nem tudom,
Csak egy a biztos, nem lesz több alkalom.

Nincs kivétel, mind sorra kerülünk,
Egy a kérdés, vajon merre megyünk?
Ki hogy látja? S mi is ez?
Szerelem vagy halál? Van különbség,
vagy kéz a kézben járna ez?

35. (A nyomorúság szigete)

Ez mi hely, hol nincs éhségedre egy falat?
Ez mi ház, hol széllel bélelt csak, mi betakar?
Ez mily' vágy, hol szomjadra szótlan megvetés a válasz?
Ez mi szörny, mely maga alkotta börtönéből
kiszökni nem képes?
Ez mily' város, hol gyűlöletük akár ölni is képes?
Ez mily' ország, melyben bízni, vágyni, remélni nem szabad,
csak ha kész vagy álmaid s vágyaid vérét ontani
a közönségesség oltárának?

36.

Megvető tekintetek hossza, elnyúlt, mint amolyan macska.
Az évek, mint csigolyák sokasodtak.
Még amolyan kezdő-féle lehettem,
mikor az élet a fejemre ejtett engem,
Az érzelmek helyét átvette a közöny s gyűlölet,
Nem tudtam szeretni, hát eltaszítottam mindenkimet.
S a test fájni kezdett, majd a fájdalom konstans lett,
Hangulatom komor, érdeklődésem beszűkült,
Ma már csak lézengek, mint kósza együgyű.
Élni akarás sajnos így is szorult belém,
életemnek véget nem tudtam vetni én,
Próbálkozásaim mind hiába voltak,
mikor már harmadik alkalommal küzdöttem a sorssal.
Akaratom döntő része folyton-folyvást küzd ellene,
ezért van, hogy életemben a mozgás
még mindig megy énnekem.

37.

Az igazság ára a megvetés és a gyűlölet,
Ezért emberként fáj igaznak lenni,
de másnak lenni nem érdemes.

38.

Az, hogy jössz-e vagy mész,
Csak nézőpont kérdése, de
A válasz a cselekvésben van, amit
Akkor tettél, amikor még itt voltál.

39. (Fizu)

Elkótyavetyélt életem,
Elkárhoztatott én lelkem,
Száz darabra vágott testemet
Szélnek eresztik a tengeren.

Búval baszott tekintetem,
Bárgyú nevetés a mindenem,
Mosoly mögé tuszkolt félelem
Most lyukasztott át félszegen.

Máról holnapra élt „tenger"
Már nem hisz ebben az életben,
Hazug szavakat kapnak délcegen,
Hogy add át a lelked énnekem,

Kevés KP üti a markodat,
De dolgod felhőt érő magaslat,
A fizuemelés újfent csak mese,
A fél banda felmond majd reggelre.

Szanaszét baszott az ideg, amikor
Megláttam a fizupapírom,
Az órabérem nem ment, csak lejjebb,
A fizetés cserbenhagyott engemet.

A főbérlő szája már habozik,
A bérleti díj ára felszökik,
A rezsiösszeg már a duplája,
Az utca csalogat, kinn megvárnak.

Utcára tett az a faszszopó,
Elesett most ő is két kilót,
Ember nincs, ki ezt kibérelje,
Hoppon maradt a barom ma délbe'.

Szociális segélyt énnekem
Az állam nem ad, mert ők férgesek,
Az utca népét mától gyarapítom,
Éljen... éljen... éljen... a Viktor!

40.

Nem emlékszek én már semmire,
Csak arra a hideg, kék, kínzó veremre,
Ami mindennap várt, amikor álmodni kezdtem,
A falait egy örökké tartó zuhanás során kémleltem.
Mikor földet értem, a hóhér én voltam,
és a véremmel a termet mázoltam.

Hová tűnt a Hold? Az előbb még itt volt.
A valóságtesztem megbukott, a világ peremén kóborlok.
Csupán csak álom volt, kupán csap 100-szor,
Mikor kikelek az ágyamból a kábulattól.

41.

Nézem az árnyakat, mozognak a térben,
Bennük az idő múlik, de nem éppen szelíden.
Érzem, hogy cselesen szalad a tagbaszakadt
Rohanás, miután ezután kalapál a szíved, de
Hiába szaladsz, utol nem éred. Hibáztasd
Magadat, mert téged hiányba
Számolnak otthon, mert nem szerepelsz
A vendégek szűk listájában,
Csak úgy negyedévente,
De mi más van, ami távol tart téged.

Nézem az emlékeket, hiába nem talállak téged,
Magamban örökre zárlak téged magasra.
Idebent sokkal mélyebb katlanba vagyok
én száműzve magamba, ahol a férgek engem
Megzabálnak ugyancsak majd' 20 éve.
Szerettem, ugye, vagy csak emlék ez?
Nem hiába töröltem minden emléket
Magamról, hogy soha ne lássanak téged,
Fájdalommal halmozlak most el,
Mindhiába, így is kutatlak, míg meg nem talállak.

42. (Gondolatok az esőben)

Komoly gondot gondol, hol
Keserves keresnek kellemetlen nedvek ellen
Száraz helyet, melyet a víz nem érhet,
Mert az ég elég keményen engedi le éppen
Az összes vizet, mit felvett az előző időkben.

Felhőzet, fenti fellegek, mik felett a Nap lebeg.
Átszakítja fénye e felleget, s ragyogó sugara
Itt földet ért s életet lehelhet az elhullott magba.
Növekszik, fejlődik, néha épp ettől is sérülni kényszerül,
de nem bánja, mert ezért lesz erős.

Pórnép ezt nem nézte, mikor menekülőre vette.
Ki nézte, elrévedt, kinézetre eltévedt, ki sétál az esőben.
Nem bús, nem lakol s nem búslakol itt,
Mert felnéz ez égre s versének vége ha elolvad itt,
De nem van ő sem cukorból, mert ember ő,
s benne tombol a tűz,
Mely gondot emel s gondolatra kelt,
mily' édes is az eső.

43.

Nap ez és gyermek is, gyermek ez és nap is,
Gyereknap, mert ragyog mind,
ki gyermek, mint a Nap.

44.

Ha így jön ki a lépés, én meglépem,
De kötelező jellegű, kell megértsem.
Az idő halad, ha akartam,
S vagy kapartam,
A Föld forog tovább,
S az ifjúkor ideje lejárt.

Lépnem vissza nem lehet,
Kapaszkodtam már eleget
Ebbe a keserves régi verembe,
De kevesek értik ezt,
Mert belépned ide nem lehet.

Hiába megyek hátra,
Az idő vissza már nem pereg.
Hiányzott egy időben
A képzelet, mely egyidőben
Éltet múltat, jelent, jövőt, időt és teret.

„Kapva kaptam andalgás alkalmával.
Elmém mélyén képzeltem én egyezer kerek éjjelen,
Ki itt iszik s így kivitt imitt ím ily íjnyi ínt, ki int itt biciklit,
Hogy hol volt, holott omlott ormom,
omolt bomlón s oszolt morgón?
Köszöntöm önt, körözött, önző ördög ölt s sörözött,
döfködött, őrjöngött, öldöklőn döglődött.
Gurul unt utunk, úgy ugrunk s kutunk untuk,
Űztük s üttük űrünk ürült ürmű műv-ült s küztdtünk"

MAGYAR-ÁZAT:
„Egyszer, mikor elméláztam, gondolkodtam megszállottan,
Részeg téves képzet, mi biciklit lopni késztet,
Hogy kissé kába fejjel egy hídlábhoz tekersz éjjel.
Rend-őr, ki megfog tettedért, meglepődik,
mikor az üvegkésedért kapsz fetrengve.
Majd rúg rajtad egyet, de felugrasz és futsz, mert kergetnek.
De a múzeum előtt utolérve harcba keveredsz
S a kukában végzed."

51

45.

Tegnap láttam egy szőkét,
Szeme fénylett oly büszkén,
Mercedes kormánya mögül kilesett,
Látszott rajta, „ezt nem apuci vette".

Haja csapzott, mégis lágyan lobogott a szélben,
Hullámok közt „ezüst" szemüvege csillant,
S merészen rótta az utat,
de nem száguldott, csak ment szépen.
Pezsgőszínű C200 volt, de egyedül illant
El véle, mint kinek sietős dolga volna éppen.

Pillanat volt ez, mit megfigyeltem,
De nem állhattam meg, mennem kellett
S hiába álltam volna, a lány a gázra lépett,
Majd eltűnt a távolba.

46.

Költ-emény, mit te költsz töményre,
És a végén lesz költemény, mit a
Földre mérsz te, mert sok volt a töményed.

47.

Átver- és? Nem ő lesz az első,
S nem is az utolsó.
Panaszod van? Ott van a só- hivatal
Hol meghallgatnak, csak halkan
Ki- nevetnek, mert le se szarják a fejedet.

48. (Szörny veled)

Szörnyen szörnyű szörnyetegek nézik át velem ezt a helyet,
De nem látom őket, csak ha tükörbe meredek.
Ezért hát nem nézek tükörbe, csak veled,
Mert jelenléteddel űzöd el a szörnyeteget.

Talán ezért is félek, mikor veled megyek,
Menekülnék, de hát szeretlek.
Szörny vagyok? Vagy csak szörnyű?
Kérdeznélek, de nem merlek.

Démonokkal alszom, mert leküzdeni őket
Nem lehet, tapasztalatból mondom el ezt.
Most neked kell válaszolni:
Ha a szörnyeket elűzöd, én vajon itt leszek veled?

Vagy mikor már egy sem marad,
Én is elmegyek?
Ha igen, elveszítlek, de talán így jobb lesz neked.

49.

Búmat elfeledem,
mikor megkeresem e napi betevőm,
Oldott hangulatban a hétvégén szeretem őt.

50.

Volt, hogy csupán egy lépésre volt a halál,
Ott volt velem mind, ki támogat engem.
Nem én voltam, ki e bírságot kirótta,
De mégis nekem kellett a hullát eltennem.

Szép volt e nap, hogy kinek, azt nem mondtam,
De úgy kell nekem, ha már én túléltem,
Összeroppant a súly, mit cipelnem kell,
Hogy őszinte legyek, az én vállam bírja e terhet.

51.

Ő vigyázni fog rád,
Mert ígéretet tett,
De nem fentről figyel rád,
Hanem itt marad veled.
Egyszer mondta neked:
„Örökké szeretlek".
Nem a szája járt,
Ígéretet tett.

52.

Kerékpáros teker, járdán halad s teper.
Teker, mint a szélvész, a jégen esve kel,
Mire feltápászkodik s esdekel:
Elnézést, asszonyom, de sietnem kell,
Ha elkésem a munkából, többé mennem se kell.

53.

Üres lelkem holdfényben fürösztöm,
Űr énbennem holt-kényszer, mint üvöltöm,
Éjjelente kényszer mennem, hol senki nincs köröttem,
Szégyenszemre nincs, ki érdekelne e föld-kereken.

54. (Hamis emlékek)

Vádló tekinteted szúrja át most lelkemet,
Mert a megcsalást tényként veszed,
Pedig akiről most meséltem neked,
Az te voltál egy előző életemben.

Haragod tovaszáll hamar, de
Felejteni nem fogod egyhamar,
Évek múltán is felhánytorgatod még,
Hogy akit én szeretek, meghalt nem is olyan rég.

55. (Hol-es)

Hol-es, hol fúj,
Hol les, ott fúúj,
Holesik, hol fúj,
Holes esik, ott nagy nyomáson levegőt fúj,
Hol hó esik, ott tél dúl.

56 (Mit meg nem tennél)

Szemem kong az ürességtől,
Lelkem fagyos, mint antarktiszi légkör,
Fagyott köd terül el homályos táj felett,
Hol a levegő tapintható, mint fagyos görgeteg.

Szeretet, melyet veled megetetnek,
Eleven tested kell-eted, mikor kell, etesd
Egy-szem gyermeked, melyt egyedül nevelsz,
Életet belelehelted, s ekkor eleve elkelt lelked.

Szereped meg nem nevezted,
Ez nem elkeseredett üzenet,
Ehelyett kellemes kis emlékek helye ez,
Mert nem kényszer ez teneked.

Szeretet vezérel, melyet ekképp
Senki nem érthet meg,
Egyszersmind megérted, „ne reménykedj"-re
Lelked letépve is lesz ellenérved,

Mert eleve el van rendelve,
Kezed tűzbe teszed, lábad lejárod,
Szemed kifolyik s elveszted hallásod,
De mégis, odasétálsz hozzá, mert látod,

Kacag, mikor vicces hangon neki kiáltod,
Hogy „nyakleves lesz ebédre, ha nem találod
Ki, mit főzzek", s odaérve megsimogatod végre,
S így lesz ennek a versnek elég kusza vége.

57. (Fáj-dalom)

Úgy fáj, mikor megharapsz és vérzem.
Úgy fáj, mintha elvágnál késsel.
Úgy fájt, mikor megbasztál télen.
Úgy fááj, mikor a seggembe' mész be.

Úgy fáj, mintha beszórnád mésszel.
Úgy fáj, mintha megcsalnál kétszer.
Úgy fáááj, mikor nem a szemembe nééézel.
Úgy fáj, ha a szemembe mész el!

Úgy fáj a szájam és a térdem,
Úgy fáGHAGHA GHAGHAGHAGHAHHH...

58. (Jóllakott keserűség)

Lelenc gyerekeknek nem lett lebbencsleves este,
Esdekel, sőt érte esve kel,
hogy ne éhezve szenderedjen este el,
Mert teste elszenvedett nem egy esztendeje,
esetlen estéken
Éhségtől égető önemésztést ekképpen.

Amazok meg, amolyan mohón torkoskodva,
a marhahúson civakodva
Csak lenézik, kinek a maradék is egyfajta ajándék volna,
De inkább mosléknak teszik ki a disznóólba,
Mintsem etesse az esetlent, ki nincs, mit birtokolna,
S nem tehet róla, hogy szeretteit temette porba.

59. (Munkaidőben)

Helló, szereted a verseket?
Tudod, én költő vagyok,
De csak ha a semmibe révedek
Unott én-eket, ez költ-észet.

Potenciális veszélyforrás mind, ki erre téved,
Mert még a végén ők regéket mesélnek,
Hogy mikor dolgoznom kéne, én verseket kefélek,
Na de nem meg, hanem csak fényesre.

60. (Szárnyaszegett álmom)

Tükröződik lelked minden tette eme szempáron,
Tündöklőn eped, mint egy szent, s mikor látom,
Tündérmesének érzem, s csak úgy várom, hogy
Tüneményes szavad hozzám szálljon, majd

Meséld el, mi késztet, utad járd,
Mert én érzem, minden lépted megugornád.
Megrázó élmény ez, s nem unott vágy,
Megmentenélek téged, de te nem hagynád.

Leélted már ez éveket, már nem vagy „lány",
Leleményességed nem mutatvány.
Leegyszerűsíted mesédet, mert unod már, hogy
Le-lenéznek érte, mert nem tudják,
Lemezszerződésed s egy angyalszárny

Virít ott mögötted, a felét letépték már,
Vicsorított, ki tette, de nem él már.
Visított is közben, s te belé állsz,
Vigyorogsz is közben, érte mindegy már.

61.
(Teszek egy kört, hogy járjak egy karikát)

Alkalomadtán be-beütöm a fejem,
Falakba ütközöm mindig, mikor átkelek e helyen.
Ez furcsa hely, mert nem látni a falat,
De csak idő haladtával tudsz átlépni rajta.

Váróterem ez, hogy mire, azt nem tudom,
Csak állok veled szemben, és ezt már unom.
Unom, mert mindig ugyanazok a „körök",
Ismerkedés szempontjából már lefutott körök.

Körbevezetsz, ha átléptem minden falon,
S ráébredsz, nem kell egy ilyen barom.
De már te is belefáradsz, mint egy malom,
Ezért eljössz egy karikára, mert kell nagyon.

62.
(A következmény előzménye)

Élet?
A sorrend időrend, mert nem tudsz úgy elmenni,
Hogy ide sem értél még, s nem tudsz úgy idejönni,
Hogy már itt vagy, de persze ez egyre megy,
Mert emléked nincsen már! Vagy még?

Kilépni nem tudsz az életből, ha nem is éltél még,
De ki mondja meg, hogy éltél-e már, s hogy mit ért
Élet alatt, mert a híd alatt is életutat arat, és a várban sincs,
Mi élne, ha az éléskamra kiapadt.

Oda se neki, csak süssön a nap, mert nyár végén majd
Arat a paraszt, de ahhoz eső is kell, hogy éljen a természet,
S enélkül terményed sem éled, mit nem termelsz meg előre,
Utólag meg nem eheted, ezért fontos a sorrend, mely időrend.

63. (Rendezetlen – Lendületben)

Zarándokút, mely zord, mély kút,
Ez lelkednek út, mely oly rég fúrt,
Kedvedre bút nem hoz ily' út,
Indulva, cél nem a kiút.

Lépted nyomát por elfedi,
Lélek-nyomást most elveszik,
Lendületed így gyarapszik,
Lágy szél is veled lengedezik.

Utad során a Hold elkísér,
Utas-morál egy csöppnyi kín,
Ugyan az már csak bőrt pirít,
UV-sugárt a Nap kerít.

Ott, ahol végzel, egy ölnyi híd,
Omló sziklaszirtek, ez fölvidít
Olyan szép ítélet, egy földnyi ív,
Hol betemetnek téged, s rajtad öltöny meg ing.

64. (Alku)

Szóval s tettel szívem kitettem, kérlek, te vedd el!
Sóval s némi keggyel érleltem, zord külsejű,
de kérlek, fogadd el!
Számtalan heg tarkítja s rajta kengyel,
Szívem már csak fibrillál, rendes ütemet nem ver.

Állandó jeggyel kínzott meg engem,
Ádáz harcok voltak, kegyetlen jelleggel.
Áldozatává váltam, így inkább kitéptem,
Ácsorogsz most bambán, „élhet-e így ember"?

„Elveszem, de nem ingyen, alkut ajánlok,
Te elteszed az én lelkem, s óvod, mint egy virágot.
El kell, hogy hagyd énvelem e komor világot, ez
Elengedhetetlen, hogy megváltsd a szabadságod".

65. (Szívtelen)

Alantas vagy alaptalan vád, hogy magadra hagytalak,
Amikor aznap azt mondták, hogy
Apuka, most jobb, ha kint marad.
Altatásban voltál, nem védhetted magad.

Abszurd, hogy egy rutin vizsgálat
Halálba torkollhat,
S ekkor felsikoltsz, mily' rettenet gondolat,
Az imént még mind mozogtak.

Téblábolsz a folyosón, még kába vagy,
Kérdezlek, mi történt, s csak sírod:
Mind... mind halottak.
Vér terít be, minden lépted,

De te nem érted, ez mi lehet,
Egy lyuk tátong mellkasodon,
De szíved nincs meg, és összeesel.

66. (Emlék-vágy)

Bevallom, hazudtam. Hogy neked,
vagy magamnak? Nem tudom,
Bealudtam, ma éjjel veled álmodom.

Hiányod kongó üresség, mit én okoztam magamnak,
Hiába hazudtam folyton, téged meg nem kaphattalak.

Hogy is kaphattalak volna, arcod gyönyörű,
szemed vibrál, tested vadmacska,
Hol is láttalak? Ja, igen... a Margitszigeten kocogtál,
négy éve, fehér cuccban.

67. (Félrekapcsolás)

Az áldóját, az ám, ott hát
A zárt osztályon át
A mát hagyd rá,
Szavát fogták.

Ő a villamosszékben ül már,
A valóság most üdülni vágy,
Tagjait szíjazzák rá, a vég
Kopogtat, ám a retesz nem zár.

Nem folyik rajta a villám,
Áramszünet életet ment,
Az ügyvéd épp betoppan,
A vád elesett, nem ő tettes,
A családja otthon várja már.

Kisvártatva a kis házába'
Hullákat találnak porrá hamvadva.
A rendőrség nézi, majd ellenőrzi,
Az ügyvéd hazudott, a gyilkos meglógott,
S hetente jött még ily' hír.

68. (Minden nő szép)

Minden nő szép, de te nem.
Te más vagy, vagyis voltál a minap,
Mikor a masszőrtől tartottam haza.
Ugyan múló pillanat volt csupán,

De ebben a pillanatban benne volt minden,
Az alakod, az arcod, a mosolyod.
A napszemüvegeden keresztül láttam, hogy
Végigmérsz, miközben végigmértelek.
Mosolyogtál, és én is, gondoltam, ilyen nincs,

Meg kell, hogy nézzelek ebből a szögből is.
Haladtunk tovább, majd 2-3 lépés múlva
Újra egymást néztük. s közben mentünk tovább.
Furcsa volt, szinte éreztem a szikrát,

Majd egy gondolat, menjek vissza hozzád.
Egy másik gyorsan közbevág! Emlékezz!
Nem is olyan régen egy lecke
Tanított, de keményen.

Hogy is volt? Túl szép ahhoz, hogy igaz legyen?
Elismerem, majdnem utánad mentem.
Ekkor is még mosolygunk, ám még mindig távolodunk.
Minden nő szép, de te más vagy,
Te gyönyörű vagy.

69. (Sors)

Néhányunk sorsa olyan rövid, mint az egysorosok.
Néhányunk sorsa olyan mély, mint az egysorosok.
Néhányunk sorsa olyan kevés, hogy egy sor is sok.
Néhányunk sorsa olyan sok, hogy nincs oly sok sor.

Sorsunk néhányakéban csak egysorosok.
Sorsunk néhányaknak, mint kígyózó sorok.
Néhányak sorsában sorsunk egy sornyi sokk.
Sorsunkban néhányak csak sok sikolyok.

Sorstalanul néhányan csak kóboroltok.
Sorsok közt lófrálva csak elsodródtok.
Sors az, mit két lábbal kitapostok,
S mindenki sorsa majd koporsót fog.

70. (Valahányszor)

Valahányszor látlak, tűnődöm, mily' bájosak a szemeid,
S hogy képesek átlátni rajtam, s lelkem melengetni.

Valahányszor mosolyogsz, engem is mosolyra fakaszt,
S pillanatról pillanatra örömmel átitat.

Valahányszor rád gondolok, mellkasomban
gyorsabban húzódik össze e húsdarab,
S próbálok rájönni nyitjára,
de betekintést ide másnak nem ad.

Valahányszor összefutunk, lélegzetem elakad,
S egy pillanatra még a világ is félbeszakad.

Valahányszor ez történik, megrémít,
S ekkor eszembe jut, nem más az, ez te vagy!

71.

Ma vagyok utoljára életben,
A holnapom nincs megírva, ezt remélem,
Mert nélküled nincs értelme az életnek,
Hogy elhagytál, nem önkényes döntésed.

Nem te voltál, ki leugrott az erkélyről,
Az szakadt le teveled véletlen,
Bár furcsa volt, hogy erkély van a 40-ediken,
Az építész nem számolt ezzel a veszéllyel.

70 ember halt meg a ház tövében,
Beterített mindent betontörmelékkel.
Rengetegen gyászolnak ma éjjel,
És remélem, nem élem túl ezt ma én sem.

72.

Véráztatta öledben életem kilehelem,
De ne búsulj, lelkem nálad marad örökre,
Hisz' már rég megkaptad tőlem.
De nem bánom, mert veled
Boldog voltam nélküle.

Nem volt kényszer, inkább alku,
Mi szó nélkül köttetett
Aznap éjjel a vízparton, hol
Kihúztad mozdulatlan testemet,
S még egy életet adtál nekem.

73.

Elnagyolt káprázat, hogy kell ide ez az ábrázat.
Szavad most átáztat, szétmállok, mint halvány káprázat.
Sétálok az esőben, mosolygok, mert így
Elpárolgott belőlem minden cseppnyi kín.

Elhallgatott esetek, mivé lesz értéketek?
Szerteágazó képletek, egyszerre nem léphetek.
Szétvágott képeket jobban össze nem téphetek.
Ellenállni felesleges, eltakarnak minden szemet.

Hűtlenségi képzések, hősként ezt éljenzitek,
Hallgatag énképetek, lerombol majd titeket.
Haldokló lelketeket csak zene mentheti meg,
Andalító képzelet, hogy ez valóban létezhet.

74. (Vissza – O(ó)da)

Vágyódásom tárgyává váltál
Változásom válaszára várván,
Valamennyi valóságot látván
Várhatok rád vért izzadva, a vártnál tovább.

Tétlen találgatásom téves,
Tévedésem tétova történet,
Totális tragédiára törekszel, ha
Tolerálom, tetteim tönkreteszed.

Szolgalelkű, szelíd személyem,
Szemrebbenés nélkül szemlélem,
Szeszélyes szöveged széttépi
Szélfútta szabad szellemem.

Sorsfordító sorokat sodor elém az élet,
Sebesen suhan suttogó éned,
Suta seregem sérelmezi,
Suhansz, s semmibe veszed sérelmeim.

Rémisztő robajjal rombolsz,
Remélem, rólam jót gondolsz,
Rajtam ragad rólad egy rakat,
Rosszindulatú, részeges rag.

Pontosan próbálom pótolni, mi történt.
„Poros peni-s provokációval prostinak titulált
Pincérnőt pusztítottál az imént",
Pedig csak poharat cserélt.

Nyugtalan nyargalunk nyugatnak,
Nyikorgó nyaggatásod nem nyugtat,
Nem neheztelek, neked négy napot
Nehéz lenne nem adnom.

Most mosolyogsz, mert megmaradt emléked
Mulassza mind, mit mióta mesélek.
Melegen mondod: „Most megkérlek, mondd, mi bánt!"
Mit meséljek?

Lobbanékony lelked legmélyén
Lelkesen leheled, a legvégén
Lendületes leleménnyel leplezed,
Lepel alá libbentenéd ezt az egészet.

Köszönetképpen kikosarazol,
Kifejezésképtelen karcolattal arcodon,
Karomon koppant könnycseppel
Kifejezem kínjaim keservesen.

Jellemtelen jeleket jelelsz,
Jellegzetes jegyed visszaveszed,
Jegyzeteltem jelesre javítva,
Jóllehet, semmin sem javít majd.

Hangos hegedűszó hevében
Halovány hangod heverészett,
Holott haldoklott hollétem,
Határozottnak hatott hevenyészeted.

Gázoltál gátlástalan gebékkel,
Gúnyt űztél gerinctelen gőggel,
Galambok gálásan guggolnak,
Géppisztolyod golyói galambot gyilkoltak.

Fájdalmam fekélyes fertőzés,
Felszakadt feszült félelem,
Félszeg, falánk felüdülés,
Folyamatos fojtó feszélyezés.

Degenerált diplomáciai döntés,
Desszerttel dugig tömött bendőm
Dilettáns dűne a dombtetőn,
Dekoncentrált döntéssel a Dunába dől.

Csellengők, csónakkal csempészek
Csesztek le csillogó csempére,
Cserekereskedő csibészek cseréltek
Csillárról lógó csecsebecsékre.

Bárdolatlan, bunkó balfaszok,
Belefáradt, bántalmazó balekok,
Belefutott a banda a KGB-be,
Bedobtak ők újra Bp.-re.

Aznap, amikor az albérletbe értem,
Ámulva alaposan az ajtóhoz léptem,
Amolyan aggasztó alakot alkotott
Az árnyék, ami az ajtó alatt andalgott.

Esztelen elánnal nekifeszültem,
Ellenállás nélkül eltéptem,
Elakadt a szavam, ekképp emlékszem,
El voltál eresztve emberekkel.

Ijedtemben illendően intettem,
Illetve ízléstelenül beintettem,
Így van ez, itt illene lelépnem,
Igaz, itt hagytam így mindenem.

Ostoba gondolat oltalmazott,
Októberben otthagytalak az oltárnál,
Olcsón ollózó orgiában találtál.

Összességében őszintén ösztökél,
Összeszedem önmagam ősszel én,
Összecuccolok örömmel, összefekhetsz
Ödönnel úgy, ahogy csütörtökön tetted,
Szeptemberben.

Ugyan undorító volt utánoznom
Unottan téged, ugyanakkor utáltalak s
Úgy unszolt ez, úgy éljek,
Utálom is magam azért, mert

Üdvözöllek üde ünnepléssel
Űrt üdítő ürüggyel, ügye érted?
Üstbe ürült ügyetlen ügyekkel
Hümmögök unottan az
Űrbe dobva ekképpen.

75. (Téged látlak)

Szunnyadó lelked szelíden szemlélem,
Ötletem sincsen, hogy mi lelt most engem,
Amikor meglátlak, nem bírok magammal,
Csak klimpírozok itt ezekkel a szavakkal.

De nem tudom elfeledtetni magammal,
Hogy odáig vagyok minden szavaddal,
A szívem leláncolom, s egy lakattal
A tiédhez zárom holnap hajnalban.

76. (Úton hazafelé)

Alku-készen közlekedtem
A véráztatta peremvidéken,
Nyílzáportól menekülve
Egy alagútba tévedtem.

Fény áradt a túlvégéről,
Sikoly szólt a közepéről,
Odaérve láttam őket,
Élve égették el mindet.

Ez volt az egyetlen bejárat
Csapdába estek, mint a vadállat,
Hegyekkel volt körbevéve e völgy,
Ide menekült annak idején egy fekete hölgy.

Rabszolgából lett felszabadító
Ide menekített, kit felszabadított,
A nyomait követte a sereg,
Mibe belebotlottam én is hazafele menet.

Gyilkosok karddal és bárddal csatáztak,
Fegyvertelen népet legyaláztak.
Nem jutott itt senkinek könyörület,
Mindenkit megöltek, ki velük szembement.

77.

Nem engedhetem meg magamnak, hogy
Magamba roskadjak.
Nem engedhetem meg magamnak, hogy
Sajnáljam magamat.
Nem engedhetem meg magamnak, hogy
Gyáván megfutamodjak.
Nem engedhetem meg magamnak, hogy
Siralmasan zokogjak.
Nem engedhetem meg magamnak, hogy
Ezt most feladjam, mert
Nem engedhetem meg magamnak, hogy
Élve eltemessen a kín, mit mások okoztak.
Nem engedhetem meg magamnak, hogy
Tovább kényszerből mosolyogjak.

78. (Bárcsak)

Bár ne tetszenél ennyire,
Úgy könnyebb dolgom lenne,
Hogy elfelejtselek, mert
Sosem tudnálak annyira szeretni,
mint azt megérdemled.

Bár sose láttalak volna,
Így a vágyódás soha nem kínozna,
S lelkem a tiédért sosem sóvárogna.

Bár elmondhatnám, hogy mit érzek irántad,
Minden próbálkozásnál fojtogat a bánat,
Vaskarmokkal kapaszkodik torkomon a válasz,
Minden tettem érted élt, gúnyolódj csak bátran.

Bár észrevenném, mikor megtörik a tükör,
Ahogy te kilépsz mögüle, hogy gyomromba könyökölj,
Erős, szúró érzés, mondanom se kell,
Fáj minden pillanat, mikor nem érlek el,

Bárcsak egyszer jönnél s figyelnél engem,
Mikor versemet neked írom s mégsem küldöm el,
Mert mikor eszembe jut, hogy „kit érdekel?"
Mikor kérdezem, hogy tetszik, válaszod kedves – tetszik.

79.

Ez nem tudom, mi volt,
De ha megtudom, ki volt,
Ezzel a két kézzel fojtom meg.

80.

Amire én vágyom, az nem vehető meg pénzen.
Amire én vágyom, arra nincs igazán szükségem.
Amire én vágyom, te vagy, de kevés vagyok néked,
Amire én vágyom, lehet, fájdalmat okozna teneked.

Amire én vágyom, sosem adhatom meg néked.
Amire én vágyom, nem teljesülhet be végleg.
Amire én vágyom, keresztülhúzni a halált,
Amire én vágyom, megmenteni az élet vagyonát.

81. (Megvezetve)

Bordám, ami lengő,
Testemen kívülre leng ő.
Az utcakövön koppan,
S peng, mint kopott pengő.

Oldalamon lyuk tátong,
S szelelő sebemből
Vér fakad oly peregőn,
Magam elé meredek oly merengőn.

Kapualjba dobta a baltát az elkövető,
Nincs tisztában tettével,
Mit elkövetett ő.
Ő csak tette, amit megkövetelt
A Teremtő.

Űzte a gonoszt, hitte ő,
De műtétet véghez vinni
Ez oly büntetendő?
Sikoltott ugyan, de így:
„Ó, megmentőm!"

Miután a csata hevében
Lábát vette egy meredő
Kardféleség, mit az ellen ő ellen
Hadba hozott a Teremtő nevét követendőn,

S majd másnap lábra állott,
Üdvözölvén a tettest, ki engem megölt.
Köszöntelek, apám, itt lakik a meg...men...tőm,
De csak egy kihűlt test fekszik e heverőn.

82 (Utoljára – Mondom – El)

Elmondom utoljára,
Mi az, mit lelkem lát.
Mind, mi szívemből lebben,
Csak kevésbé durván, mint érzem.

Fájó szívvel mondom ezt,
Nem érzek én semmit sem,
Nincs örömöm, nincs bánatom,
Sem semmi érdekem e világon.

Sajgó lelkem, elárulom,
Emberiség mind, mi bánt, de
Nem kiléte, csak kapzsi léte,
Felesleges emberirtás, embertelen sors-írás.

Mert nem mindegy, hova születsz,
Azon nyomban keservest megbélyegez
Halmozottan hátrányosnak ítélni,
csak mert megszületsz.

83. (Nőként kérni s kapni)

Szóval tartottál, mert tetten értél,
Szép virágot kaptál, miután kértél,
De nem egyenesen, csak úgy nőiesen
Dicsérted tegnap az árusnál költőien,

Hogy milyen csodálatos a liliom,
Halmoztad bókokkal egymillion,
Ezért nem tudtam kivárni reakciód,
Egy tucatból kapott csokrodon
Kis tábla jelzi, mosolyod ne hagyd otthon.

84. (Érezlek téged)

Vicces szívverés, mi érted kalapál,
Üllőt üt a kovács s dalnok kornyikál.
Trombitaszó kíséretben kardom felpendül,
Háborúba indul, s vesztével szembesül.

Mint lágy vas formálódik, végül ridegül
Forró tűzben edzeni épp most kényszerül.
Légből kapott feromon fuvallattal tovaszáll,
Meg is tapad idebent az orrnyálkahártyán.

Lázban égő receptorok most tüzet szítanak,
S ekképp megannyi endorfint felszabadítanak.
Melódiát játszik üde hangod dobhártyámon,
Könnyed csengő dallamod epekedve várom.

Bőröd végigsimítva mintha felhőt tapintanék,
Tested minden mozzanata, mintha folyóval folynék.
Kiégett ésszel képzelem, mintha ajkad ízlelném,
De nem tévképzet ez, mert megtörténik épp.

Elvakít fényed, egészen égszínkék a kép,
Mintha szemtől szembe nézném a vetítőgépet én.
A mozivászon mögöttem csak fehérlik épp,
S ebben a pillanatban ébredtem fel én.

85. (Megtestesült mámor)

Meredély fenekén keverék,
Megrekedt feledés peremén
Megkereshetem itt te meg én
Megkeservesedett eszmélyét.

Maradék adalék te vagy én,
Marcangol arcomon vakarék.
Makrancos markolom, megenném,
Megfogni nem tudom, mert nem él.

Maszlagnak mondhatni, mi mennyiség,
Menekül előlünk a menedék.
Megbosszul mögülünk ma a szél,
Mindenünk odalett, megették.

Megkergült mellettem te elméd,
Megláttam benned, mi emlék.
Mustársárga irigység kelt belém,
Mikor megcsendült e hang felém.

86. (Ellenvélemény)

Madárcsicsergés, bordaropogás,
Dal-felzendülés, sikoly s kiáltás,
Szemben álló nézőpont, meggyőződött érvelés,
Veszekedő valóságok, szemlátomást ércelés.

Kacér, kócos konokság,
Kikiáltott kóborlás,
Keresztülvisz minden bajon, ha
Keresztülmész minden tavon.

Sértődékeny öntudat nem érti, a másiknak
Szemszögéből minden más, de
Szemével látni nem kívánsz,
Szem előtt tartva a mesédet,
Szemrebbenés nélkül kiveséznek.

Szívszorító gondolat, hogy
Elharaptad most a hangodat,
Pedig végre figyelnek
Azok, kik eddig tönkretettek.

87. (NAM)

Tökélyre csiszolt készséged, hogy
Törékeny, csipkés lét-képzettel
Történetesen kitéped, mi térdre kényszeríti az embert.

Tüneményes megjelenés téves képzetre késztet,
Mikor meglátlak, nem hiszem én, hogy te is széttéphetsz.
Ahogy köröttem kecsesen lépdelsz, érzem,
Kezeid közt izmaim ernyednek.

Minden feszült idegszálam úgyszintén elernyed
Rövidebb-hosszabb időre, de csak enyém a figyelmed,
És minden szerzett tudásoddal szolgálsz,
Hogy kényelmem elérjed.

Pillanatról pillanatra könnyebb testem, érzem,
Pillanatnyilag éppen gondolkodnom se kéne.
Pihekönnyű, pompás állapot, mit kihoztál belőlem,
Bezzeg amikor beléptem ide, mint kartonba döngölt bélyeg.

88. (Reggel a parton)

Harmonikus hangulat, hogy hallhatom a hangodat.
Szemgyönyörködtető látvány, hogy szemem elé álltál.
Bársonyos, puha érzés, hogy bőrömön nyugszik e két kéz,
Számban omló éhség, mikor ajkaid ajkamon égvén.

Tüzes, mámoros érzés, ahogy tekinteted lángjában élvén
Párolog mellettünk a tengerpart, a Nap tüzében e hajnalt.
Komolytalan dolgokon kacagva, arcod kivirulva barackba,
Mosolyod csodálatos létkép, kívánom,
minden pillanatod így éld.

89. (Könyörtelen mese)

Mesébe illő képzettel kényed-kedved
Szerint kikényszeríted, hogy elmeséljem
Életem, ahogy egy álomvilágban élek,
Hol meséket vérrel mérgeznek,
Verést neveznek nevelésnek.

Mert karcsú szelet szeretet szorult az emberek szívébe,
Mindezt rémálmomban megéltem,
De ne félj, mert ezt csak elmeséltem,
Nem kell, hogy megéljed.

Fáj, hogy nem hiszel nekem,
Belépsz a létem mezejébe,
S mégsem hallod könyörgésem,
De lám, most mégis könnyes a szemed.

90. (Messzi földről)

Mikor meglátom smaragd szemed,
Máglyán égő lelkem csitítod el vele.
Katakombák sötét mélyben, ím, virág terem,
S e korom-födte réten is életre lelem.

Lepedőkön játszó égi fény
Fagyos vidék égő peremén,
Fakunyhóból gomolygó füstből
Otthon melege izen messziről.

Hogy utad vitt el távoli vidékre,
Hol jég is csupán csak legenda vagy mese,
Onnan hoztál forró ízeket,
Mik láng-üvöltésre minket késztetnek.

Mikor frissen sütött finom ételek
Kapszaicintól ilyen mérgesek,
Lázban égő torkunk csillapítja
Minden kortynyi habzó nedűs pohár alja.

91. (Meglepő éj)

Nem hittem volna, hogy ilyen romantikus alkat vagy.
Szívem bezárva él, mint alcatrazi rab.
Mikor először láttalak a poros hajnalban,
Lelkem pokolban égő arkangyal,
Botorkáltál üres tekintettel,
de rám nézve mosoly öntött el.

Azt gondoltam rólad, majd faggat,
De hazafelé kísérve kezem fogtad.
Az ajtómhoz érve csak azt mondtad,
Szép álmokat, angyalom,
találkozunk majd holnap.

92. (Elmúlt a szerelem?)

Valami azt súgja nekem, hogy semmi sincs rendben,
Mikor forró ölelések már csak hűtik testem,
Mikor madárcsicsergés csak bántja a fülem,
Mikor ízes ételed nem laktat, tőle éhezem.

Valami azt súgja nekem, hogy baj van velem,
Amint téged látva szememben könny terem,
Amint neved kimondva hangom elreccsen,
Amint beszélgetve téged már nem említelek.

Valami azt súgja nekem, hogy nem szeretlek,
Bár hallom hangodat minden percben,
Bár szobámban még illatod lágyan lebben,
Bár a szennyesben még köntösöd hever.

Valami azt súgja nekem, hogy elvesztem,
Ahogy már nem foghatom kezed,
Ahogy már nem hallom, hogy nevetsz,
Ahogy már a sírod előtt térdre rogyva,
Magam mellé téged képzellek szüntelen.

93. (Ékes figyelmed)

Még érzem lágy illatod, mit a párnán hagytál,
Még egyszer lángra lobbanok ez alkonyon,
Mikor itt hagytál, úgy éreztem, elporladok,
Mint holmi sarlatán a máglyán.

Midőn hazaérve csak rám mosolyogsz,
Nem szólsz, csak mész a zuhanykabinba,
S mikor kilépsz, könnyed köd fedi el guszta alkatod,
Mit selyem köntös takar, mire hozzám lépsz.

Ezer nő közül is megmondanám bekötött szemmel,
hogy Melyik vagy te, a puszta tekintetedet érezve.
Mert te nem csak rám nézel, hanem belém látsz.

A bőröm alá, az izmaim mögé, szemed csontig hatol,
és mégsem sért fel. Nézel... egyenesen... bele... a lelkembe.
Előled nem zárhatom el.
Miért is tenném?
És másnak miért mutatnám?
Előlük örökké rejtve marad.

94. (Szerelem első látásra)

Nyári záporként hatott könnyes tekinteted,
Ahogy a földig érő fűzfa lombjai közül kiléptél,
Nyájasan kérte a leheleted
A pokrócom, mire lefeküdtél.

Kérdésem nem volt, vagy csak nem volt merszem
Firtatni, hogy te ide honnan kerültél
Csapzott hajjal, szakadt ruhában, mégis,
Fenséges tartással megleptél.

S reggel elkezdted mesédet, hogy
A kérőd jött el érted s te mentél,
Mikor a kíséret eltévedt, egy mellékútra tévedtél,
S kérőd annyit mondott, te most már az enyém.

A földre terített s el nem engedett,
De te karcsú kézzel az övéhez értél,
Majd a vágytól elernyedt, és te könnyedén
Szúrtad át a kardjával az ő szívét.

Két napja csak téblábolsz, enned sincs mit,
Mikor egy tó mellé tévedtél s fény dereng itt,
Ínycsiklandó illatok az orrodnál fogva húztak,
Míg egy fűzfához nem értél, s ekkor odaléptél.

Az udvar már keresett, s
Véled engem is vittek a király elé.
Nem kaptam szót, míg nem te beszéltél,
Ez itt, ez a paraszt itt az új vőlegény.

95. (Szótlan)

Dal van a fájdalomban,
Fájdalom van a dalomban,
Szó, mi szállna, immár csak
Leesik alig nyitott ajkadról.

Szól belőle fájdalom, mi most
Zuhan le ajkadról s porba hull,
Mert nem bírják elviselni jelenléted,
Mégis, jöttödet ők kérték, de nem te érted.

Szeretetre méltónak talállak, de
Szeretettől rab vagy, és ez gyalázat.
Nem vagy te rabnak való, ez csak látszat,
Szabadnak születtél, és ez nem alázat.

Könny gördül arcodon, de nem bánod,
Mert a mosolyod mentén tova folyva
A markomba hullik, mivel kezed fogva
Nyugtatlak most meg szavak nélkül.

96. (Majdnem sikerült)

Nincs egy hete, hogy találkoztunk, mikor éppen sírtál.
Nem sok mindent mutathatok, mid éppen nincs már,
De lelkem minden darabját neked adtam én már,
Épp a randevúnkra mentem, mikor éppen hívtál.

Bele már nem szólt senki, csak egy robaj rabolt,
Elszakadt a vonal, mi eddig tartott.
Édesanyád mondta később, egy karambol volt,
Minek áldozatává estél ez alkonyon.

Szívfacsaró érzés, hogy az út, mi hozzád vezet,
Puszta vak ablak, min keresztül lelked nézhetném,
De nincs olyan, hogy keresztüllátnék e falon,
Dobogó szíved testeden kívül is él.

Én hozzád siettem ez alkonyon,
De a kórházi ágyon már csak tested találtam.
Szíved mégis dobogott, de egy másik szobában,
Lehet, túl sokat kértem, mikor lelked akartam.

Most viszont más nőhöz szól fohászom.
Nem felejtettelek el, ugyan, hogy is tehetném?
Pontosan ez, amit kérek, hogy szíved újra hallgassam én,
Kedves tőle, hogy megengedi, de már más ritmusra jár.

Elszakadt a lelkedtől, mint egy gyenge fűszál,
Láttam, lelked szabad lett, ahogyan felszállt.
Szívem most épp összetört, de remélem, megvársz,
De sietnem kár volna most, hisz' az élet nem vár.

97. (Képzelet képzete)

Lángtengerként körülölel a fáradt
Látomásként kerülgető bánat.
Átfogó képet nem kaphatok máma,
Átsüt a fény a fellegen nálam.

Fagyos szélként körülölel a magány,
Fiatal fejjel örülne neki a halál.
Fennhangon mondja a lány, talán!
Félrelőtt Cupido, a vagány.

Szerfelett örülök, hogy ma már
Szembejöttél velem a hídnál.
Szemembe nézel s tudom, melletted nyugalom vár,
Szemtelenség volna a kezedet fognom már?

Kopogó szemmel éhezem a szád,
Két kézzel nyúlok teérted, ám
Késként vágod el a reményem,
Képként válsz most fényessé,
Kirepedezel, majd a szél összetép.

98. (Pillanatkép)

Igazság szerint, ránézek és megrémít.
Szemezgetünk és lépnék én,
De nem lehet, megbabonázott,
Ez kellemetlen, mert engemet
Nem lehetett holmi lenge
Pendejjel lehengerelni.

Csúfos vereség, melyet én szenvedtem el,
Mégis, utam minden lépte hozzá vezet.
Kanyarok, árkok, medrek mindegy, merre mennek,
Határokon átívelő, vak remény, mi érte él s vezet,
Élvezet, mi vár e helyt, mit ölének nevezek.

Kapkodón kérdem, mikor lesz, mi még nem volt,
Mikor én s ő egy helyütt ülünk s bort kortyolunk.
Válaszát szél fútta, oda, hol fülem nem hallja,
Csak szél suhog, mert magasan száll az ének,
Mit ő dúdol el nékem, mint amolyan angyalok.

Pillangók, mit le sem nyeltem,
Reptetnek az égbe engem.
Ott meghallom e szép dallamot,
S az irány rögtön megadatott.
Nem bánom én, hogy vesztettem,
Mert jutalmam fogyasztom élvezettel.

Édes nedű, mit öle, s melegség, mit öle ád,
Feledem minden búmat-bajom,
De örökké tart ez vajon?
Kiderül majd a végén, de hol van az még?
Addig még sok mézes napot megélek én.

99. (Szerencsés ballépés)

Hamuszürke, kopár homály,
Zárkattanás korán, ha már
Hamar hazaértem, ma már
Hasznosan pattognak a szikrák,
Hamarosan készítem lakomám.

Vendégem hiába várom,
Nem talál ide a halál.
Hogy is jönne,
Hisz' szent föld ez.

A Nap süt, de nem éget,
A szél fúj, de nem tép el.
Az eső esik, de csak éltet,
És mind emellett
Itt vagy te is nékem.

Ide belépni csak úgy nem lehet,
Meghívó kell, vagy véged kell, legyen.
Innen-onnan hallott mesékből
Ismertem fel, mikor elém jött ő,
És nevemen szólított.

Borostyánvörös zuhataga
Lágyan simul fehér ruhájához,
Áradt felőle a fenyőillat,
Majd kardjával rám mutatott.

Jer közelebb, ifjú kalandor,
Hadd mutassak valamit!
Leléptél az útról,
S már Istenek földjén kalandozol.

Társad nem volt ez utadon,
Így melléd szegődök ez alkonyon,
Az élet, mint olyan, neked
Véget ért már, de ne búsulj,

Mert minden vég egy kezdet,
S innen utad nem téveszted,
Hisz' velem jársz egy cipőben,
Így ez itt az otthonunk örökre.

100. (Név-telenül)

Csendben, szótlan ballagok a tömegben
Kinn a réten, hol szuicid banda
Éppen öngyilkosságot tervez,
Majd rám néz, inkább élni támad kedve.

Lelketlen, üres tekintettel figyelek rájuk,
S ők félve, fejvesztve futni kezdenek előlem.
Csak egy van a tömegben, ki felém néz s kiált:
„Vigyázz! Mögötted a halál élezi a kaszát!"

Majd lángba borult a rét,
S mind, ki eddig élt,
Sétáló fáklyaként lépdelt,
Összeesett, és elhagyta őket a lét.

Csak egy, ki előttem állt,
Nem hamvadt el épp.
Mikor smaragd szemét
Meglátni véltem, ébredtem rá én,

Hozzám nem szólt soha senki,
Mind, ki meglátott, csak
Sikoltani bírt és félni.
De mind, ki eddig szemem elé került,
A holtak földjére kényszerült.

Sebzett halálmadár röpül át fejünk fölött,
Te elmosolyodsz, majd összerogysz,
Elhamvadsz, majd lángba borulsz.
Ki vagy te? Főnixmadár, s

Hová tűnt ez a szép leány?
Kinek szeme ékes kékben úszó zöld,
Feje fölött sajnos már föld,
De látom, fényesen ragyogsz
S sebesen nősz.

Egy pillanat múlva újra elém állt
Hívó szavával: „hagyd el e létet,
Válj Főnixmadárrá, örökkévalón át
Szeljük át az összes óceánt!"

Nem számít, hogy hívnak,
Én kedvesemnek szólítlak,
És az sem számít már,
Hogy az, ki eddig voltál, maga a Halál.

A szerző

A szerző Hatvanban született, 1997.05.06-án.
A szakmunkásképző után több munkahelye is volt:
dolgozott járműfényezőként a hadsereg telephelyén,
majd sofőrként, rakodóként és targoncásként
tevékenykedett egy malomban. Volt összeszerelő egy
autóipari üzemben, végül jelenleg gépmester. Szeret
kerékpározni, korcsolyázni, kedveli az extrém sportokat,
mint a falmászás és wakeboard, de mindenféle
testedzés fontos számára. Gyakran hallgat zenét
bakelitlemezekről. Néhány éve kezdett verseket írni, de
korai munkáit nem őrizte meg.

novum KIADÓ A SZERZŐKÉRT

A kiadó

Aki feladja, hogy jobbá váljon, feladta, hogy jobb legyen!

E mottó alapján a novum publishing kiadó célja az új kéziratok felkutatása, megjelentetése, és szerzőik hosszútávú segítése. Az 1997-ben alapított, többszörösen kitüntetett kiadó az egyik legjelentősebb, újdonsült szerzőkre specializálódott kiadónak számít többek között Ausztriában, Németországban és Svájcban.

Valamennyi új kézirat rövid időn belül egy ingyenes, kötelezettségek nélküli kiadói véleményezésen esik át.

További információkat a kiadóról és a könyvekről az alábbi oldalon talál:

w w w . n o v u m p u b l i s h i n g . h u